Karl Richter

Schiller und seine Räuber in der französischen Revolution

Karl Richter

Schiller und seine Räuber in der französischen Revolution

ISBN/EAN: 9783743404311

Hergestellt in Europa, USA, Kanada, Australien, Japan

Cover: Foto ©ninafisch / pixelio.de

Manufactured and distributed by brebook publishing software (www.brebook.com)

Karl Richter

Schiller und seine Räuber in der französischen Revolution

Schiller

und seine Räuber in der französischen Revolution.

Ein

historisches Bild

von

Dr. Karl Richter.

Grünberg,
Verlag von W. Levysohn.
1865.

Schiller und seine Räuber
in der
französischen Revolution.

Vorwort.

Der Aufsatz, den ich hiermit dem deutschen Publikum übergebe, ist zum Theil in den deutschen Jahrbüchern für Politik und Literatur B. XII. Seite 378—382 im Septemberheft 1864, zum Theil in der Beilage zur Wiener Zeitung: Wiener Wochenschrift für Wissenschaft, Kunst und öffentliches Leben B. 4 Seite 1409 Jahrgang 1864 Nr. 45 von mir veröffentlicht worden. Es sei mir gestattet, über diese Trennung der nach Geist und Form zusammengehörigen Sache eine Aufklärung zu geben.

Beschäftigt mit dem Studium der Gesetzgebung der französischen Revolution, kamen mir während meines Aufenthaltes in Paris auch alle den vorliegenden Gegenstand betreffenden Dokumente in die Hände. Da ich wußte, daß von den Biographen unseres Dichters nur sehr wenig darüber gesagt ward, sammelte ich die darauf bezüglichen Quellen und als ich die Frage nach der Entstehung des Bürgerdiploms Schillers in Frankreich vollkommen dadurch aufgeklärt sah, veröffentlichte ich das Resultat der rein zufälligen Forschung in Oppenheims oben angeführten Jahrbüchern. Damals lag mir blos eine unvollständige Ausgabe der beiden Schauspiele Robert le Brigand und Le tribunal redoutable vor, die ich bei einem Antiquarbuchhändler auftaufte. Der freundliche Beifall, welcher meinem Aufsatz gespendet wurde, veranlaßte mich, noch einmal auf der Bibliothèque Impériale nachzuforschen, ob es nicht möglich wäre, über das Schicksal der beiden genannten Theaterstücke etwas Näheres aufzufinden. Der Sorgfalt eines mir befreundeten Bibliothetsbeamten gelang es endlich, trotz der durch den Umbau der kaif. Bibliothet veranlaßten unbeschreiblichen Unordnung, die beiden Dramen in einer Ausgabe des Jahres 1792 aufzufinden. Die dem Stück Le Tribunal redoutable vorgedruckte stolze Erklärung des Verfassers, gegenüber den Denunzianten seiner politischen Gesinnung, regten mein Interesse für den Ueberseter und Bearbeiter der Räuber Schillers der Art an, daß ich nun auch der Geschichte seines Lebens und Wirkens folgte. Ich übergab den daraus entstehenden Aufsatz der Redaktion der Wiener Wochenschrift.

Nach dem Erscheinen desselben fügte ich beide Aufsätze in einander und veranstaltete diese Ausgabe derselben, mich glücklich schätzend, auch etwas beitragen zu können zur Kenntniß des Lebens und Wirkens unseres großen Dichters. Zur Vervollständigung dieser neuen Ausgabe sandte mir Herr A. Schöll, großhrzg. S. Oberbibliothekar zu Weimar, eine höchst sorgfältige Abschrift des Bürgerdiploms und des Zustellungsschreibens der republikanischen Regierung Frankreichs. Ich benutze diesen Ort, um Herrn Schöll für seine Güte und Freundlichkeit meinen innigsten Dank auszusprechen.

Berlin, im Februar 1865.

Karl Richter.

1. Einleitung.

Es ist bekannt, daß Schiller durch ein Dekret der Nationalversammlung, während der großen Revolution, das französische Bürgerrecht empfangen hat. Einige Biographen unseres Dichters erwähnen das oberflächlich. Schwab giebt in seiner Darstellung des Lebens und Schaffens Schiller's einen Auszug des Bürgerdiploms, wie es sich in einer Abschrift unter dem Nachlaß des Dichters vorgefunden. Selbst Hofmeister in seinem großen Werk über Schiller und seine Werke berichtet davon nichts weiter, als in kurzen Worten die Schicksale desselben auf seinem Weg durch Deutschland und die Bedeutung, die Schiller der Auszeichnung beigelegt. Aber keinem der Biographen erschien es der Mühe werth, genauer auf diese Thatsache einzugehen, den Quellen nachzuforschen; um in ihrem ganzen Umfange dieselbe einmal sicher zu stellen. Schiller selbst scheint es wenig gewürdigt zu haben, daß die Vertretung des französischen Volkes, mitten aus den Stürmen der Revolution, auf ihn ihre Aufmerksamkeit richten konnte; denn es waren ihm, wie seinen Biographen, wahrscheinlich die Spuren des Weges unbekannt, die eben die Nationalversammlung dahin führten, aus der großen Zahl bedeutender Männer des deutschen Volkes ihn und nur noch wenig andere durch die Ertheilung des französischen Bürgerrechtes auszuzeichnen. Ueberdies hatte er sich zu der Zeit, als er das Diplom empfing, längst mit Schaudern von den furchtbaren Ereignissen, welche die französische Revolution hervorbrachte, abgekehrt, so begeistert er auch die mit dem Jahre 1789 emporsteigende Zeit begrüßt hatte. — Und dennoch ist dieses Bürgerdekret Schiller's ein sehr interessantes Dokument, weniger vielleicht durch seinen Inhalt, als durch die Umstände, die dasselbe erzeugt, durch den Ideenkreis jener Männer, welche es der Nationalversammlung zur Dekretirung vorgelegt haben. Wir müssen auf jene und auf diesen, so weit es zur Erklärung unserer Geschichte nöthig ist, am gehörigen Orte in Kurzem unsere Aufmerksamkeit richten.

2. Gesittung und Wissenschaft in Frankreich vor der Revolution.

Wenn bei einem Volke die glänzende Regierung eines Fürsten mit der klassischen Zeit seiner Dichtung und Wissenschaft zusammenfällt, ist es natürlich, daß das gesammte nationale Leben nur von dem eigenen Geiste der Nation getragen, von seinem alleinigen Ruhme und seiner Größe ausgefüllt wird. Das Fremde hat wenig Raum und kann, selbst wenn es einen Sieg erringt, denselben nicht für die Dauer behaupten, es verschwindet im Strom des nationalen Lebens, oder wird im besten Falle so von der nationalen Kraft verarbeitet, daß sein Ursprung in weiterer Entfaltung nicht mehr wiederzuerkennen ist. Dies wird bei allen Kulturvölkern der Fall sein, um so mehr aber bei jenem Volke, das weder Sinn noch Verständniß für irgend etwas Frembes besitzt. Ludwig XIV. hatte seine Zeit mit allem Kriegsruhm und Glanz erfüllt und Frankreich zu einer Macht erhoben, welche die Geschicke Europas durch ein halbes Jahrhundert bestimmt hat. Das französische Volk nannte ihn den großen König.

Die klassische Dichtung blühte unter seiner Regierung, die Heroen jeder Wissenschaft umgaben seinen Thron. Seine Theater beherrschten Corneille, Molière, Racine. Niemand aber hatte eine Ahnung davon, daß ein reges geistiges Leben auch Deutschland erfüllte. Und dennoch kehrte sich, nachdem der Stern Ludwig XIV. erblichen, der Blick Frankreichs nach Deutschland.

Es war nicht die entnervte und entnervende Regierung Ludwigs XV., welche das Volk antrieb, in Betrachtung anderer Größe Anregung oder Trost in seinem Elend zu suchen; es waren nicht die künstlerischen und wissenschaftlichen Leistungen des deutschen Volkes, die eine lebendige Theilnahme wachriefen; es war allein der Ruhm und Glanz eines Königsgestirnes, das in der Zeit erschienen war und das Schicksal Europas an die Thatkraft eines deutschen Volksstammes knüpfte. Friedrich II. von Preußen, sein Schlachtenruhm, seine geistige Gewalt hielt die Blicke der Welt auf Deutschland gebannt. Lange nach seinem Tode noch, als die Stürme der Revolution Frankreich erschütterten, hielt der einstige Ruhm der preußischen Heere die Feldherren des revolutionären Frankreichs im Schach; lange nach dem Tode des großen Königs, als die Menschenrechte, die Lehren der Freiheit und Gleichheit, alle Grundsätze der Revolution das ganze Denken der französischen Nation in Thätigkeit versetzten, zog der Geist des deutschen Volkes die Aufmerksamkeit Frankreichs auf sich.

Man wußte es in Frankreich wohl zu schätzen, daß Mackintosh in der englischen Zeitschrift „das Orakel" gegen Burke's Angriffe die französische Revolution vertheidigte, und sein Buch darüber Vindiciae Gallicae 1791 wurde mit Freude aufgenommen, mit Begeisterung gelesen. Thomas Paine wurde durch seine, gleichfalls gegen Burke gerichtete Schrift über die Menschenrechte in Frankreich mehr populär, als durch die Rolle, die er im amerikanischen Befreiungskriege gespielt und war damals beliebter, als in der Zeit, in der er seine eigenthümliche Thätigkeit als Mitglied des französischen Nationalkonventes entfaltete. Aber was wohl Deutschland über die französische Revolution denke, spreche und schreibe, das schien den Führern derselben von weitaus größerer Bedeutung; welche Ideen überhaupt das deutsche Volk bewegten, wohin die Richtung seiner Wissenschaft und Poesie sich kehre, von höchster Wichtigkeit.

Von allem Anfang der Revolution erkannten die Männer derselben, daß ein dauerndes Resultat aus den Stürmen und Gefahren derselben nur dann erzielt werden könne, wenn alle revolutionären Kräfte des gesammten Europas, und besonders der Frankreich zunächst liegenden Länder, entfesselt würden. Mirabeau und Lafayette stimmten hierin mit einander überein, nur wollte der Erste durch den Glanz der französchen Bewegung die übrigen Nationen begeistern, während der Andere versuchte, durch Wühlerei und geheime Anschläge die Kraft der fremden Völker mit jener Frankreichs zu vereinen. Daher erscheint kurz vor der französischen Revolution und in den ersten Jahren derselben in der französischen Gesellschaft ein reges Streben nach der Kenntniß deutscher Literatur, sowohl der schönen als der wissenschaftlichen, eine merkwürdige Theilnahme an allen Richtungen des deutschen Geistes. Mit großer Sorgfalt ließ man sich in den Zeitungen berichten, was wohl Herr Wieland im „Deutschen Merkur" über die französische Revolution schreibe; mit aller Gewissenhaftigkeit berichteten französische Korrespondenten die Grundsätze der Philosophie, die ein „berühmter Philosoph" Kant zu Königsberg lehre. Die Auszüge aus den Lehren desselben, in ihrer ganzen Starrheit, wurden im Moniteur abgedruckt, und man bemühte sich, in die Rechtssätze des deutschen Philosophen, so sehr auch deren strenge und wortgetreue Uebersetzung dem Geist der französischen Sprache widerstrebte, einzubringen.

3. Schiller's Name in Frankreich.

In jener stürmischen Zeit machte eine Flugschrift, die zu Frankfurt a. M. unter dem Titel „Kreuzzug gegen die Franken" 1791 erschien, in Frankreich größeres Aufsehen, als in Deutschland. Diese Schrift wendet sich mit feurigen Worten an die Völker und Fürsten und malt begeistert die Geschicke und Absichten der französischen Revolution. Sie fragt die Fürsten, was sie mit ihrer Drohung gegen Frankreich wollen. „Wollt ihr Ludwig XVI. retten? Er will euch nicht! Er hat die Verfassung beschworen und sich zu ihrem Freund und Beschützer erklärt. Für Deutschlands Handel wollt ihr in den Krieg ziehen? Deutschlands Verkehr wird ebenso rege sein, wenn man den Prinzen Condé nur Herrn Condé nennt. Deutsche!, ruft der Verfasser am Schlusse seiner Betrachtung aus, Deutsche! Weit entfernt, die Revolution zu hassen, sollt ihr dem Himmel danten, daß sie entstanden ist". Diese Schrift war in Frankreich übersetzt und weit verbreitet. Alle Tage erschien im Moniteur eine zahlreiche Korrespondenz aus Deutschland, welche Nachricht gab über die Strömung der Ideen, die Regungen der Zeit.

Da schildert ein Korrespondent aus Frankfurt in einem Brief vom 1. Februar 1792 die Reaktion, die sich seit dem Tode des großen Preußenkönigs Geltung verschafft. „Die Religion, sagt er, ist die abgebrauchte Handhabe derselben, mit der man abermals die Menschen unter das Joch der Sklaverei zu beugen sucht". Aber Alles widersteht diesen Bestrebungen, „der Geist der Hauptstadt, das verbreitete Licht der Aufklärung in den Provinzen und die hellsehende Vernunft des größten Theils der Menschen. Ohne Zweifel sucht man dies auch zu zerstören, die Kreaturen der Wöllner und Bischofswerder erfüllen nach und nach alle Posten, aber was liegt daran! Wir mißtrauen allen Despoten, allen Priestern, Dummköpfen und Schurken, die das Licht der Philosophie einzuschließen vermeinen, wie man das Licht der Sonne in eine camera obscura einsperrt. Das Gouvernement ist gezwungen, dem öffentlichen Geiste zu huldigen". Unter anderen Beispielen dafür erzählt nun der Korrespondent auch Folgendes:

„Man spielt hier eine Tragödie: Fiesco. (Der Moniteur druckt mit Beharrlichkeit immer Tiesco.) Der Stoff ist aus der famösen Verschwörung Genuas gegen die Doria genommen. Es ist keine Verschwörung der Unterdrückten gegen einen Tyrannen, denn Andreas Doria ist ein tugendhafter und achtbarer Herrscher und Fiesco der reichste und mächtigste Privatmann von Genua. Es ist die Verschwörung des Republikanismus gegen die Monarchie, der Kampf der Grundsätze, in Thaten dargestellt, der schönste Triumph der Ideen der Republik nach Theorie und That. Es ist aber noch mehr. Diese Tragödie ist das Werk des Genies, wie Alles, was Schiller schafft. Es ruft die einfache Lektüre den Enthusiasmus wach, es wirkt unwiderstehlich, wenn man es aufführen sieht. Nun denn, dieses Stück spielt man öffentlich und immer vor einer ungeheuren Menge. Würde eure Regierung von ehemals je ein solches Stück erlaubt haben, das vielleicht selbst die englische Freiheit erstaunt?"

Göthe war vor dieser Zeit schon ein in Frankreich bekannter Name und verehrter Schriftsteller. Die „Passions du jeune Werther" waren in Frankreich fast so populär wie in Deutschland. Der Roman war häufig gelesen und in einer dramatischen Bearbeitung eines gewissen Defaure als „Charlotte et Werther" im Théâtre italien aufgeführt. Desgleichen ging eine Bearbeitung der Stella unter dem Titel „Zelia" von Dubuisson häufig und unter großem Beifall über die Bühne des Theaters de la Rue Lonvois. Auch Geßner war aus der Zahl der deutschen Dichter den Franzosen rühmlich bekannt. Sein Tod Abel's war von Huber ins Französische übersetzt und, mit sechs schön gearbeiteten Figuren geschmückt, in prachtvoller Ausstattung herausgegeben worden. Der Name Schiller's indeß scheint in der erwähnten Korrespondenz zum ersten Mal in Frankreich genannt worden zu sein. Andere Umstände aber begünstigten bald die Popularität des deutschen Dichters in Frankreich.

4. Das französische Theater.

Bei keinem Volke hat das Theater eine so große politische Bedeutung, als bei dem französischen; keine Nation kann durch eine dramatische Darstellung so zur Begeisterung hingerissen werden. Eine neue Oper war stets ein öffentliches Ereigniß. Ein neues Schauspiel war von politischer Wichtigkeit und ehemals, wie heute, folgte das Gouvernement der schöpferischen Thätigkeit der Dichter mit ebenso großer Aengstlichkeit, als das Volk mit Begeisterung oder neugieriger Spannung. Bei keinem Volke aber erkennen auch die Schriftsteller und Dichter so sehr ihre soziale Wichtigkeit, als eben bei dem französischen. Die französische Revolution mußte dieses Element des nationalen Lebens auf das Kräftigste zu nützen, vom Ausbruch des Sturmes bis zu dem Tage, da die gewaltige Hand Napoleons die Zügel der Regierung ergriff und, wie alles Leben der Nation dem absoluten Gesetz seines Herrscherwillens, so auch das der Künste unterwarf.

In der Sitzung vom 13. Jannar 1791 begann die Nationalversammlung die längst erwartete Diskussion über die Freiheit der Theater.

Die dramatische Kunst lag bis zu diesem Tage in schweren Ketten und vergebens waren die Forderungen nach einer größeren Freiheit, die vorzüglich in der Zeit des zweiten musikalischen Krieges am Vorabend der Revolution laut ausgesprochen wurden. Die Feudalität hatte ihre Gewaltherrschaft bis in das Asyl des Geistes fortgepflanzt. Um die französische Komödie, die Molière unter dem königlichen Schutz Ludwig XIV. geschaffen, in ihrem Glanze zu erhalten, griff Ludwig XIV. auch für die Kunst zu jenem Mittel, durch das die Feudalmonarchie allenthalben ihre Macht zu stärken suchte. Er umgab die Comédie française mit zahlreichen Privilegien.

Diese und die große Oper erhielten das ausschließliche Privilegium „königlicher Theater" und ihre Mitglieder führten den Namen Comédiens du Roi. Alle übrigen Theater in Paris und in ganz Frankreich wurden diesen beiden königlichen Schauspielen tributpflichtig gemacht und wo immer eine neue Bühne errichtet werden sollte, mußten die Unternehmer von denselben das Recht dazu kaufen. Für die dramatische Kunst und die Aufführung eines Theaterstückes hatte die Comédie française, für die Oper und ihre Darstellungen die große Oper in Paris ein willkührliches Besteuerungsrecht. Diese Letztere ging endlich so weit, daß sie allen Musikern des Reichs eine Steuer auflegte.

Neben diesen beiden Theatern bestanden in Paris noch sechs andere Schauspielhäuser, welche die Grenze des Privilegiums, das sie erworben hatten, unter keiner Bedingung überschreiten durften, es sei denn, daß sie eine Erweiterung ihres Repertoires durch eine besondere und gewöhnlich sehr hohe Nachzahlung erkauften. Das Théâtre italien war auf die Darstellung der italienischen Oper beschränkt, das Théâtre du Monsieur auf die der kleinern Schauspiele italienischer Uebersetzung. Das Théâtre du Palais Royal, eines der ältesten französischen Schauspielhäuser, konnte den Harlekin auf seine Bühne bringen, Ambigue Comique große Spektakelstücke, Schlachten und Tänze, aber kein vollkommenes Ballet. Dieses war den Grands Danseurs du Roi vorbehalten. Endlich wurde noch das Theater „Seiner königlichen Hoheit Monseigneur le Comte de Beauplais" gegründet mit dem Privilegium, die kleine Komödie und Gesangsstücke zur

Aufführung bringen zu können, die Letzteren aber nur hinter den Coulissen.

Bei diesem Theaterzwang war es natürlich, daß aller Augenblicke Streitigkeiten unter den einzelnen Bühnen und besonders der Kleinern mit den beiden Theatertyrannen über die Grenze und Ausdehnung eines Privilegiums vorkamen. Das Parlament hatte ununterbrochen Prozesse über Störungen der Aufführung eines Theaterstückes oder einer Oper zu entscheiden. Bald beschwerten sich die kleinern Theater, daß die Comédie française und die große Oper ihr Recht mißbrauchten und ungerechtfertigt die Aufführung eines Stückes verhinderten. Bald klagten diese beiden souverainen Bühnen, daß andere Theater ohne Recht und Befugniß ein Theaterstück zur Darstellung gebracht.

Diese Organisation des Theaterwesens erhielt sich fast ohne eine Aenderung bis zum Ausbruch der Revolution. Die beiden königlichen Bühnen freilich entfalteten unter dem Schutz ihrer Privilegien einen mächtigen Glanz, sie hoben die Kunst selbst zu einer ungeahnten Vollendung empor und häuften auf die Künstler Ehre und Reichthum. Sie waren daher auch dem Königthum ergeben und streng royalistisch gesinnt. Alle übrigen Bühnen waren schon wegen des Elends, in dem sie darniederlagen, republikanisch. Da forderte in jener oben bezeichneten Sitzung der Assemblée nationale Chapelier als Berichterstatter der Commission des öffentlichen Unterrichts die Freiheit der Theater im vollsten Umfange, und die Nationalversammlung dekretirte dieselbe. Das Gesetz dieses Tages erklärte, daß die Werke eines Dichters fünf Jahre nach seinem Tode dem Publikum gehören und daß Niemand an der Aufführung derselben und der Errichtung eines Theaters gehindert werden könne. Ueber Robespierres Forderung, daß man mit der Freiheit der Theater auch die Freiheit von jeder Theaterinspektion verbinden solle, erklärte das Gesetz weiter, daß die Munizipalitäten in keinem Falle die Aufführung eines Stückes verhindern und sich überhaupt gar nicht in die Theaterangelegenheiten mischen dürfen. Das war die Freiheit im höchsten Maß, ja fast bis zur Entartung.

Dieses Gesetz zeigte auch alsbald seine Wirkung. Eine Reihe Schauspielhäuser wurde eröffnet und diese nur den Schriftstellern zur Verfügung gestellt, deren Schöpfungen unmittelbar dem Geist der Zeit huldigten, die ihre Stoffe aus den Ereignissen der Revolution nahmen. Paris zählte während der Schreckensherrschaft mehr als 40 große Bühnen. Die Munizipalität dieser Stadt hatte einst an einem einzigen Tage 75 Anzeigen für neu zu errichtende Theater entgegenzunehmen. Dies aber erzeugte denn auch jene massenhaft produzirende Literatur der Revolution, die kam und wieder verschwand, ohne etwas mehr zu leisten, als die Phantasie des Publikums einige Stunden gereizt, die revolutionäre Gesinnung einige Augenblicke erregt zu haben. Aber auch diese Augenblicke der Begeisterung hatten für die Männer der Revolution ihren Werth. Wollte man erreichen, was man anstrebte, den Umsturz des gesammten Staatsgebäudes, die Auflösung alles dessen, was bestand, dann durfte der Masse der Bevölkerung auch nicht eine Stunde des Tages gegönnt sein, die ihr vielleicht gestatten könnte, in stiller oder heiterer Anschauung die Lust eines friedlichen und vergnüglichen Daseins zu empfinden. Der Wohlfahrtsausschuß erklärte in einer Gesetzvorlage dem Nationalkonvent, daß man die Bühnen entfesseln müsse, damit die Sprache der Freiheit ertöne, Blumen auf das Grab der Märtyrer gestreut, das Heldenthum und die Tugend besungen, das Vaterland auch von den Bühnen herab lieben gelernt werde. Ein arrêté des Direktoriums vom 18. nivose an 4*) befahl, daß alle Tage in allen Theatern vor dem Erheben des Vorhanges eines jener Lieder, „geliebt von jedem Republikaner", wie die Marseillaise, Ça ira, Veillons au salut de l'Empire und le Chant du départ, gesungen oder gespielt werden muß. Alle Tage muß wenigstens ein Stück gegeben werden, das mit Freiheitschören oder republikanischen Gesängen ausgestattet ist. Ein anderes Gesetz vom 25. pluviose an 4**) erklärte, daß jedes Theater geschlossen werden soll, in dem man die verdammenswerthe Verehrung des Königthums zu erwecken versuche.

Politisch so furchtbar erschütterte Zeiten wie die der französischen Revolution sind selten den Künsten günstig; wie die Göttin der Freiheit zumeist sich verschleiern muß in den Tagen, die um ihren Besitz kämpfen, so verhüllen sich auch die Musen in jenen Zeiten, in denen man sie als Werkzeuge betrachtet und nicht als Götter auf unentweihtem Altar feiert. Die französische Revolution hat wenig oder nichts des dauernd Guten geleistet, der Zwang der Gesetze wirkte nur entartend auf die Künste.

Unter dem Einfluß jener Gesetze und getrieben von dem Drange, die aufgeregte Stimmung des Volkes auszubeuten, wurden die gräulichsten Szenen der Revolution auf den Bühnen dargestellt und lebte das Volk noch einmal den Schrecken durch, den es vor Kurzem mit bangem Herzen in aller Wahrheit gefühlt hatte; hier sah es zuerst dramatisch zu seiner Belustigung jene

---
*) 13. Januar 1796.
**) 14. Februar 1796.

Thaten und Szenen, die es bald darauf mit furchtbarer Wahrheit selbst durchführen sollte. Ein Stück, „die erworbene Freiheit oder der zertrümmerte Despotismus" von Harny, wurde im Théâtre italien unter großem Zulauf des Volkes gegeben. Es schilderte die Stürme des Julitages 1789, führte einen tugendhaften Maire vor, der die Maske Bailly's trug und das Volk über Freiheit und Gleichheit belehrte; es zeigte einen König, der die Verfassung beschwört, aber, falsch und schwach, sie immer wieder zu brechen versucht. Im Théâtre national spielte man ein Schauerdrama, „die eingekerkerten Schlachtopfer" von Monvel, das alle Furchtbarkeiten enthielt, die man über die Klöster aussprechen konnte. Ein wollüstiger Priester verbirgt ein schönes Mädchen im Kloster, nachdem er, die Mutter zu täuschen, dasselbe für todt erklärt und begraben läßt. Der Geliebte des Mädchens, vom Schmerz und Wahnsinn ergriffen, tritt ins Kloster, und zwar in jenes, wo seine Geliebte verborgen schmachtet. Hier findet er sie in einem Versteck festgehalten, er befreit sie, Segen und Fluch füllen in langen Reden den vierten Akt. Im Theater de la rue Louvois spielte man eine Zote, „die Tage im Vatikan, oder Gastmähler des Papstes", in der ein betrunkener Papst auftritt, blödsinnige Bischöfe, ausschweifende Kardinäle und die populären Figuren französischer Geistlichkeit, „fluchende Abbés". Wohl regte sich manchmal die Kritik gegen solche Ausschreitungen der Phantasie, aber „es macht lachen", meinte sie am Ende und damit war allem weitern Urtheil ein Ziel gesetzt.

Andere Stücke griffen in die nationale Begeisterung ein oder zielten auf die Erregung der Freiheitsgesinnung ab. Joseph Chenier's „Karl IX. oder die Schule der Könige" errang ungeheuren Beifall; „J. J. Rousseau in seinen letzten Augenblicken" von Bouilly rief mit dem Geist des Philosophen das Elend wach, in dem er lebte und starb; „der Schatten Mirabeau's" im Théâtre italien aufgeführt, gruppirt alle Tyrannen und Könige der alten und neuen Zeit um den eben verstorbenen Helden der Revolution, dessen Schatten unter ihnen mit einer vernichtenden Geißel umherging. Eine „Schlacht bei Marathon" regte den kriegerischen Sinn; ein Stück, „die Belagerung von Lille", die Begeisterung der Nation auf.

5. Die Räuber von Schiller.

In diese arme und entartete Kunstperiode fiel denn die Uebersetzung von Schiller's „Räuber". Man griff nach Allem, was mit der Strömung der Zeit in Verbindung stand, man suchte überall Stoffe, die man für die Begeisterung des Volkes ausnützen konnte, man griff denn auch nach Deutschlands Schöpfungen, und fand „die Räuber".

Mehrere Jahre vor der Revolution, im Jahre 1786 erschien in Paris eine Uebersetzung der Räuber Schillers unter dem Titel „Robert, le Chef des Brigands, imité de l' allemand". Es war weder der Name des deutschen Dichters genannt, dem das Stück nachgeahmt, noch der des französischen Schriftstellers, der es eben nachgemacht hatte. Es kümmerte sich auch Niemand darum, da das Stück von den Bühnen, denen es überreicht worden, zurückgewiesen wurde.

Das Nationaltheater, dessen ganze Institution streng royalistisch war, dessen Mitglieder alle treu zum alten Königthum hielten, verbannte das Stück, da es für revolutionair erklärt wurde. Vermöge des Privilegiums der königlichen Bühne besaß dieses aber auch die Macht, es von allen anderen Bühnen fern zu halten, wie ich früher erörtert habe und so verfiel das Stück der Vergessenheit. Da erklärte die Nationalversammlung die Theaterfreiheit, und nebst der Freiheit der Theatererrichtung war damit auch die Freiheit des Repertoires gewonnen. Alle bedeutenderen Bühnen griffen jetzt durchwegs nach dem Schauspiel und der Tragödie und ließen sowohl den Harlekin als die nationale Komödie fallen. Die Zeiten hatten sich schnell geändert. In den ersten Stürmen der Revolution begrub man die Leichtigkeit des Geistes, die Heiterkeit des Gemüthes und die Frivolität des Geschmackes, die zu Ludwig XV. Zeiten öffentlich und unter dem sittenreinen Ludwig XVI. im Geheimen reiche Nahrung gefunden. In dieser Bewegung nun griff das Théâtro du Marais Rue Culturo St. Cathérine nach dem vergessenen Schauspiel Robert, le Chef des Brigands und brachte es vom Jahre 1791 an nacheinander in zahlreichen Vorstellungen auf die Bühne. Der ausgezeichnete Heldenspieler Baptiste, der die Rolle Roberts darstellte, der Stoff dieses Stückes und der Freiheitssinn, der dasselbe durchglühte, sicherten der Direktion des Theaters alle Tage ein volles Haus und reichen Beifall.

Das Schauspiel beginnt beinahe mit der Mitte des Stückes unseres Dichters. Der alte Moor, der in einen reichsunmittelbaren souverainen Grafen von Molbar umgewandelt worden, ist schon todt, oder besser schon bei Seite geschafft, sein erstgeborner Sohn schon Räuberhauptmann — man hört erst im zweiten Akt, daß er zufällig unter eine Banditenhorde fiel und in der ersten Ver=

legenheit sich zu ihrem Hauptmann wählen ließ — der zweitgeborne Sohn des alten Grafen, Moriz, hat bereits die Zügel der Herrschaft ergriffen und um Amalie, die Sophie du Northal heißt, standhaft seit längerer Zeit gefreit. Gleich die erste Szene des ersten Aktes stellt uns eine solche Werbung dar. Amalie aber blieb bisher ihrer Liebe zu Karl, der in einen Robert umgetauft worden, treu und setzt allen Werbungen des verrätherischen Bruders ein entschiedenes Nein entgegen.

Moriz, wie man schon ersehen, der Franz im Originalstück, Moriz erzählt dies Alles am Anfang des Stückes gleich nach der ersten Szene mit Amalie seinem Vertrauten Raimund und beredet ihn, um Amaliens Widerstreben zu brechen, als alter Soldat verkleidet, ihr die Nachricht von Roberts Tode zu überbringen. Raimund, der Herrmann Schillers, ist wie dieser, im Grund seines Herzens eine gute Natur, aber abhängig von seinem Herrn und Gebieter, huldigt er selbst dessen Lastern und Verbrechen und rechtfertigt sich mit einem vor sich hingesprochenen philosophischen Grundsatz. „Ach! ruft er aus, ach! Leider ist das Loos der Schwachen, ohne Aufhören entweder der Mitschuldige oder der Sklave der Mächtigen zu sein." Er willigt übrigens in die ihm vorgeschlagene List ein, nachdem er noch mit einigen wenig ehrenhaften Titeln für Moriz, natürlich auch abseits gesprochen, seinem geängstigten Herzen Luft gemacht. Er kehrt sich der Thüre zu, um allsogleich seine Maske zu holen. Moriz, der seine Zweifel und Befürchtungen durchschaut, ermuthigt ihn und beweist mit sehr naiver Offenherzigkeit, daß er gar nicht so schlecht sei und so verbrecherisch gehandelt habe, als Raimund glaubte. „Mein Vater starb, sagt er, und ich stieg auf den Thron. Daß er eigentlich nicht todt war und im

Sarge wieder zu sich kam, das war ein Unglück, aber keines Menschen Schuld! Ich ließ ihn in einen Thurm werfen und dort ist er nun wirklich gestorben!" Da, wie zur Sühne für diese Frechheit tritt ein Gerichtsoffizier auf und zeigt dem Landesherrn an, daß in der Nähe eine furchtbare Räuberbande hause und daß es gut wäre, das Schloß zu befestigen. Aber nicht wie eine gemeine Räuberbande sei sie hier im Lande erschienen, sondern als Schützerin der Unglücklichen, als Befreierin der Unterdrückten. Sie hat den Grafen von Marburg schon ermordet nach dem Urtheilsspruch: „Henker deines Volkes! das ist der Preis deiner Unterdrückung." An dem Dolche in seiner Brust war ein Blatt Papier befestigt, mit den Worten: Arrêt de mort contre Adolphe, comte de Marbourg, pour cause d'oppression, par le tribunal sanguinaire. Diese Kunde erschüttert den Tyrannen Moriz nicht wenig. Er giebt Befehl die Burg zu befestigen und verspricht, die Steuern, Zehnten und Robot abzuschaffen. „Ich verspreche Alles! Alles!" ruft er aus und läßt den Vorhang darüber fallen.

Der zweite Akt zeigt uns die Räuber im Vollgefühl ihrer gerechten That gegen den Grafen von Marburg und im Bewußtsein ihrer Aufgabe. Sie sind nicht die Schiller'schen Studenten und ehemaligen Genossen Roberts, sie sind Krieger der besten Art, des edelsten Schlages. Empört über die Ungerechtigkeiten und den Stolz der Feudalherren und das Elend und die Unterdrückung der armen Bürger und Bauern, sind sie entschlossen, die bestehende gesellschaftliche Ordnung zu zerbrechen. Sie haben fühlen gelernt, daß die angeblichen Rechte, welche den Menschen zum Herrn des Menschen machen, eine gesetzliche Anarchie sind, und setzten das Recht des Säbels und der Mus-

lete an die Stelle des gemeinsamen aber ohnmächtigen Rechts.
Sie befreien die Sklaven und tödten die Tyrannen, sie retten
die Unterdrückten und richten die Bedrücker. So machen sie sich
zu Anklägern, Zeugen, Richtern und Henkern — in dem blutigen
Tribunal, das sie bilden unter der Herrschaft Roberts, des
bravsten, stärksten und größten von Allen. „Ich habe dieses
Tribunal wieder belebt", erklärt Robert, „welches schon unsern
Urahnen bekannt und von Karl dem Großen gegründet worden
war. Für jede gute That setze ich 100 Dukaten aus". „Ich
nehme sie, sagt Ratzmann, der einzige, der nebst Roller seinen
Originalnamen bewahrt hat, „ich nehme sie unter der Bedin=
gung, daß sie Keiner verschmäht." Man sieht, wie der unbekannte
Verfasser schon vom Konstitutionalismus, der Frankreich seit der
Revolution beherrschte, zu profitiren wußte und eine Formel,
die betreffs der Taggelder der Volksvertreter allenthalben in
konstitutionellen Staaten üblich ist, seinen Räubern in den
Mund legt, wahrscheinlich, um ihre allgemeine Nothwendigkeit
mit allem, was sie in sich schließt, dem Volksbewußtsein näher
zu bringen. Während dieser Darstellung der edlen Absichten
der Räuber, ihrer erhabenen Aufgabe, meldet sich ein junger
deutscher Edelmann, Kosinsky, Sohn eines Grafen Berthold,
dem Robert, wahrscheinlich in seinem gegenwärtigen Geschäft,
schon manchen Dienst erwiesen und bittet um Aufnahme unter
die ehrenwerthe Genossenschaft. Da er den Warnungen Roberts
nicht nachgiebt, bewilligt man seine Bitte.

Unterdessen haben einige Räuber einen Bauer gesucht und
auch schon gefunden, der nun Nachricht geben soll über Land
und Leute und den Namen des Gebiets, auf dem die Räuber sich
befinden. Siehe da! der alte Bauer war einst Gärtner im

Schlosse und wurde vom neuen Regenten davongejagt. Er erzählt die traurige Geschichte des alten Moor, schildert die Tyrannei des gegenwärtigen Gutsherren und präsentirt, in der Erzählung auch auf Sophie kommend, Robert nichts weniger, als einen neunjährigen Sohn seiner immer noch geliebten Sophie. Da, durch den Anblick des Kindes noch mehr erregt, beschließt Robert, Sophie zu sehen. Er heiligt und feit das Land und stürzt voll Muth und Begeisterung mit seinen Räubern ab.

Grade kommt er noch zu rechter Zeit auf dem Schlosse an. Sophie hat die Kunde von seinem Tode soeben erfahren, (diese Szene ist genau nach Schiller) und wird den Werbungen Moriz' gegenüber schwankend. Da stürzt Robert herein, die Liebenden erkennen sich, die Räuber folgen nach, befreien Sophie und entführen sie eiligst mit ihrem Hauptmann; denn schon schmettern die Trompeten der Soldaten, die Moriz zu seiner Vertheidigung herbeigerufen. Die Gefahr, die jetzt die Räuber umgiebt, erhöht ihren Muth. „Erklären wir", sagt Ratzmann am Anfang des vierten Aktes, „erklären wir die Menschenrechte, welche die Natur in aller Herz gelegt, richten wir dieses Manifest an alle Völker, welche von Tyrannen gebeugt werden, an alle Menschen, die noch fähig der Würde sind, — zu sein!" „Und" ruft er auf einer französischen Bühne, mit französischer Zunge aus, „Deutschland wird ein freier Staat werden gegen den Rom und Sparta nur Nonnenklöster waren". Doch die Soldaten drängen heran, ein Priester erscheint als Parlamentair, (getreu nach Schiller), man jagt ihn davon, stürzt in den Kampf. Schwerter klirren, Flinten knallen, Trommeln wirbeln, der Vorhang fällt.

Im 5. Akt hören wir nun, daß von 1000 Dragonern gegen 100 Räuber mehr denn 300 todt und eine Unzahl verwundet worden. Von den Räubern selbst ist nur Einer gefallen. Die Nacht bricht ein, Robert spaziert allein vor einem alten Thurme hin und her und gedenkt der Vergangenheit. Da entdeckt er, wie im Schiller'schen Stück, durch „den Raben" Raimund seinen Vater, sieht und hört das Verbrechen seines Bruders. Die That ist scheußlich, die man hier enthüllt sieht, sie muß gerächt werden! Doch Gott hat schon entschieden. Moritz hat sich in der Zeit, als die Räuber vor seiner Burg kämpfen und zu siegen scheinen, in den Main gestürzt und Robert kann die Herrschaft in seinem Staate, glücklich durch die Liebe Sophiens und seines Vaters, antreten. Was aber anfangen in dieser ehrenwerthen Beschäftigung mit den 299 Räubern? Kosinsky entscheidet den Zweifel in der Verlegenheit. Im Kampfe, mit dem der 4. Akt schloß, war er entwichen und hatte dem deutschen Kaiser die Nachricht gebracht, von den nur edlen Absichten der gefürchteten Bande, unter die er sich selbst blos als ein Beobachter und Sendling des Kaisers gemischt! Der Kaiser entließ den jungen Edelmann mit einem Dekret an die Räuber, dessen Ueberbringer er ist, das allen Gnade und Freiheit versichert, wenn sie schwören, dem Staate zu dienen — als ein fliegendes Corps oder als leichte Truppen.

So wurden Schillers Räuber umgewandelt, der Zeitströmung genüge gethan und selbst dem alten französischen Geschmack gehuldigt, der selten die Nothwendigkeit erkannte, den Helden einer Tragödie sterben zu lassen, am wenigsten einen solchen, der soviel des Schlimmen über die Herren und Regenten, so viel des Guten über die Freiheit und Gleichheit gelehrt hatte. Aber auch damit konnte sich die Phantasie des Pariser Publikums nicht zufrieden geben und wie man bei manchem Roman gern wissen möchte, was der Held nach der Hand noch gethan und gedacht hat, so muß ein guter Theaterbesucher des Robert, chef des brigands, auch noch erfahren, was nach diesen fünf Akten sich weiter zugetragen, was wohl mit Robert, Sophie, ihren Kindern und Kindeskindern geschehen sei. Wir werden dies bald mittheilen, nachdem wir uns nach dem Eindruck dieses Revolutionsstückes etwas genauer umgesehen.

6. Die französische Kritik.

„Das, was Handlung in dem Stücke ist, schreibt der Berichterstatter des Moniteur, ist nicht das Beste, aber der stolze und energische Charakter Roberts und seiner Genossen, das Leben, das sie führen, einige episodische Situationen, obgleich sehr stark gezeichnet, machen dieses Werk sehr originell und anziehend". Aber diese Bröckchen Lob gelten keineswegs dem deutschen Dichter, sondern müssen unbedingt dem Bearbeiter und Uebersetzer zugetheilt werden. „Denn, so leitet sich die Berichterstattung ein, das deutsche Theater, wenn man darüber im großen Ganzen richtet, gebärt nur, es produzirt allein unförmliche Werke. Ist denn dort der Ort, wo die dramatische Kunst, nachdem sie bei uns zur höchsten Stufe der Vollkommenheit emporgestiegen, ihre Meister suchen muß? Fürchtet man nicht immer mehr und mehr die schönen Tage unseres Theaters abzukürzen und dieses dem Verfall zuzuführen, in dem es der Kindheit gleicht! Das Stück, die Räuber von Schiller, ist ein monströses Werk, ohne Einheit, ohne Wahrscheinlichkeit, ohne jedes Interesse. Das Genie und das Talent leuchtet wohl von Zeit zu Zeit hervor, die Vernunft und der Geschmack sind fast gänzlich ausgeschlossen. Der französische Autor des Stückes hat glücklicherweise viele Fehler des Originals verbessert, er hat einen Plan gemacht und die Handlung nach einer Weise vertheilt, in der sie erst im Stande ist, Interesse zu erregen." In dieser Kritik nannte „der Moniteur" übrigens den Originaldichter und Schillers Name wanderte in die andern Zeitungen und unter das Volk. Nach dem Uebersetzer frug aber noch immer Niemand und doch hatte er so große Verdienste sich um das Stück erworben, wie die französische Kritik behauptete.

Es läuft uns kalt über den Rücken, wenn wir uns vorstellen, daß Karl Moor in irgend einer Szene des Schiller'schen Werkes eine Abhandlung über das Lehnrecht sprechen sollte! Wie würden vor deutschen Augen die Gestalten des Schweizer und Roller zusammenschrumpfen, wenn sie plötzlich, gelehnt auf ihre Flinten, ein Pas de deux über Sklaverei und Leibeigenschaft, Zehnt- und Frohnrechte tanzen oder sprechen müßten; was würde nach unserer Anschauung von der Tragödie aus den kecken Figuren der Spiegelberg und Schufterle, wenn sie in Waldeseinsamkeit, bei dem Gemurmel des Baches und beim Mondschein, die Menschenrechte erörtern und über die Nützlichkeit der Weltschöpfung in höchst erbaulicher Philosophie sich ergehen sollten! Und doch sind es diese Ideen allein, die der französische Schriftsteller zu dem Werke Schiller's hinzugethan und „weshalb es ihm gelungen ist, dem Stücke ein Interesse zu geben".

Wir dürfen mit den französischen Anschauungen nicht rechten, und noch viel weniger mit denen jener Zeit, in der diese Kritik geschrieben. Die breitspurigen Reden, das Räsonniren

im Monolog und im Dialog, der aber immer wieder zum
Monolog einschrumpft, die oft wunderliche Philosophie, welche
die Helden der französischen Tragödie nach Paragraphen und
Kapiteln entwickeln, sind der französischen tragischen Dichtung
von den ältesten Zeiten bis auf heute eigen. Es wurzelt dies
tief in ihren ästhetischen Anschauungen, die, nachdem sie sich
einen ganz besonderen Aristoteles ausgeklügelt haben, alle fran=
zösischen Tragiker beherrschten. Sie begreifen die tragische
That nicht und ebensowenig die Charakterentwickelung durch die
Handlung. Und haben die Franzosen darum weder für die
deutsche noch für die englische dramatische Dichtung Sinn und
Verständniß, so haben eben darum Deutsche und Engländer kein
Interesse für die französische Tragödie und mit allem Recht
auch keinen Respekt vor ihr.

Immer aber bleibt es merkwürdig, daß die Franzosen auf
der Höhe der dramatischen Kunst, in der Tragödie niemals zum
Bewußtsein des wahren Elementes, der lebensstarken Seele der=
selben gelangt sind, und daß auch in dieser Richtung die Revo=
lution mit ihren furchtbaren Thaten, mit ihrer ganzen Größe
und Gewalt keinen Einfluß ausgeübt hat, während doch in allen
anderen Künsten, in der Musik, wie in Malerei und Plastik der
schöpferisch wirkende Geist der Revolutionszeit so mächtig zum
Ausdruck kommt. Mehr als ein Jahrhundert vor der Revolu=
tion hatte im Gebiete der Malerei der frühverstorbene Lessueur
mit der ganzen Fülle seines Talentes angekämpft gegen den
Schulgeist und die Herrschaft der Routine, denen das ganze Kunst=
leben Frankreichs zu seiner Zeit und noch lange nach ihm unter=
lag. Prudhon trat in der zweiten Hälfte des achtzehnten Jahr=
hunderts mit gleichen Absichten in das Kunstleben ein. Mit

allem Recht nennt ihn ein geistvoller französischer Schriftsteller (Renouvier: Histoire de l'art pendant la Révolution.) den Vorläufer der Revolution im Gebiete der Kunst. Mitten aber in jenen Ereignissen, welche die Welt erschütterten, entfaltete sich ein Talent, das mit einem Schlage aller Fesseln sich entledigte, die ein durch Gewohnheit und Verkehrtheit eingeschnürter nationaler Geschmack der Schöpfungskraft auferlegte. Es war David, im engsten Sinne des Wortes ein republikanischer Maler. Er beugte sich keinem anderen Gesetz, als jenem der Natur, in der er nichts Anderes sah, als das Ideal-Schöne. Und aus diesem Urquell aller Kunst entsprangen seine Werke und bezauberten. Ich erinnere nur an den Schwur der Horatier, Belisar, Tod des Sokrates und nach 1789, Brutus seine Söhne zum Tode verurtheilend, Ludwig XVI. Eintritt in die Nationalversammlung, endlich das unvollendete Bild, der Schwur im Ballhause, Marat's Tod und Andere mehr, bis er nach 1799 im Raub der Sabinerinnen den Gipfelpunkt seines Talentes erreichte.

Da lebt eine Welt in einem Bilde, da regt sich ein Heer von Ideen, eine Menge glänzender Thaten füllen den Raum, Alles aber findet sich bennoch immer wieder in einer sicher berechneten Einheit, und die Charaktere und Stimmungen haben keinen langweiligen Kommentar nöthig.

Gluck war in der Musik der Vorläufer der französischen Revolution: Orpheus und Alceste wurden auf französischem Boden, auf den es den deutschen Meister trieb, umgestaltet und waren der erste Sturmlauf gegen die tyrannische Herrschaft der Routine, die zu den Füßen des deutschen Meisters, nach dem Siege im zweiten musikalischen Kriege, ihre kraft- und saftlose Herrschaft für längere Zeit niederlegte. Gluck's Schüler und

Anhänger kämpften die Straßenkämpfe der Revolution mit und gingen als Männer der Partei zum Theil auf dem Schaffot zu Grunde; seine Gegner erschraken vor den Stimmen der Zeit und flüchteten wie die alten Aristokraten von der heimischen Erde.

Während der Revolutionszeit war nun freilich für die dramatische Kunst auch noch Figaro das Ideal. Man jubelte den politischen Leitartikeln, die er sprach, in hundert und wieder hundert Vorstellungen zu, und noch heute rafft sich das gelangweilte Publikum bei der großen Mustervorlesung über Lehnswesen und Menschenrecht, die Figaro in der Nachtszene des fünften Aktes hält, zu einem stets lebendigen Beifall auf. Und für die Revolution war Beaumarchais nicht nur ein zufällig lebender Dichter, er war der poetische Kommentar derselben. Der Barbier de Soville, la mère coupable, Eugénie sind die poetischen Uebersetzungen der Konstitution der Assemblée nationale und, wenn man will, auch jener des Konvents.

7. Die Fortsetzung zu den Räubern.

Wie dem nun immer sei, die kecken und wilden Studenten Schiller's mußten den Politikern und Revolutionsmännern weichen und gaben erst den Räubern Vernunft und Geschmack, was Alles gerade nach französischer Anschauung dem Originalwerke fehlte. Das Pariser Publikum drängte sich herbei und beklatschte in zahlreichen Vorstellungen die deutschen Vorkämpfer einer Revolution und die ausgezeichnete Leistung Baptiste's.

Hätte es geahnt, daß Schiller lange vor der französischen Revolution, im Jahre 1782, als er die Räuber das erste mal drucken ließ, sie mit einer Vignette ausstattete, die einen Löwen mit wüthendem Blick und wild erhobenem Schweif zeigte und die Unterschrift „in Tyrannos" trug, — so hätte sicher Paris seine Büste in der Nationalversammlung oder mindestens einem Volksklub aufstellen lassen.

Als nun das Stück seine Schuldigkeit gethan und die Revolution bis nahe zu den Stürmen des 10. August 1792 begleitet hatte, kündigte nach diesen dasselbe Theater, das die Räuber (nebst dem Barbier von Sevilla) aufgeführt, die Fortsetzung derselben an unter dem Titel: Le Tribunal redoutable, oder wie man es bald zur näheren Orientirung nannte: Robert républicain. Die Zeiten waren für dieses Schauspiel überaus günstig. König Ludwig XVI. war seit seinem Fluchtversuch immer furchtbarer von der Revolution bedroht, das Königthum längst all' seiner Würde beraubt.

Worte von Freiheit und Gleichheit, Reden über die Tyrannen und das Glück der Völker, über deren Tugend und Güte waren mehr denn je an der Tagesordnung und fanden überall ein begeistertes Publikum und reichen Beifall.

Da ging nun das „Tribunal redoutable" über die Bühne. Robert, der souveraine Graf von Molbar, klagt seinem Vertrauten Forban, der jetzt den Charakter Rollers trägt, schwere Gewissensbisse. Sophie ist todt, seine Kinder, bis auf ein noch ganz kleines, sind gestorben. „Was soll mich noch glücklich machen!" ruft er aus. Forban weist seine Hoffnungen auf das Volk hin, das ihn so liebt und das so glücklich unter seiner Herrschaft ist, das selbst so gut und edel und würdig eines solchen Fürsten ist. „Ach ja, seufzt Robert, das ist das Volk und dennoch verleumdet man es". „Zehn Jahre, fährt Forban fort, hast Du regiert und während dein Volk so glücklich ist, herrscht im übrigen Deutschland nur Elend und Tyrannei. O! ich könnte viel erzählen, würdig dieser Menge. Erdrücke1, die auf Deutschland lasten. Ich, Republikaner, bin dennoch nur glücklich unter Deinen Gesetzen!"

Da tritt das Tribunal zusammen, das Robert aus seinen ehemaligen Genossen in seinem Lande gebildet hat. Es hat den Grafen von Marburg, wie nun anspielend auf die Ereignisse des ersten Stückes erzählt wird, als Tyrannen seines Volkes gerichtet und ermordet. Es handelt sich jetzt um das Schicksal seines Sohnes Adolf. „Die Hand", sagt Molbach, in dem die Natur des Schiller'schen Schweizer steckt, „die Hand, die den Vater straft, soll den Sohn beschützen". Mitten unter dieser Berathung über das Schicksal des gestürzten Thrones und seines Erben drängt sich eine Deputation der Bürger von Marburg herein und bietet Robert die Herrschaft über sie an. „Wenn die Tyrannen, erklären die Abgesandten, die Geißel der Länder sind, so sind die gerechten Herrscher ihre Wohlthat." Robert frägt nach dem Sohne des ermordeten Grafen. — Auch er ist ermordet! — „Wer hat das gethan?" ruft er empört aus. „Ihr selbst, um die Herrschaft zu gewinnen!" antwortet zögernd der Sprecher der Deputation. Ein Unbekannter hat diese Kunde im Lande verbreitet, selbst gewagt an einzelne Mitglieder des Tribunals ähnliche Verleumdungen zu berichten. Erzürnt schwört Robert den Mörder zu entdecken und beruft unter die Eiche am Grabe seines Vaters das Gericht.

Ehe dieses eröffnet wird, bekommen wir im zweiten Akte

Kunde von dem Schickſal Adolfs. Seine Unterthanen haben ihn im erſten Jubel über die Ermordnng ſeines Vaters, ihres Bedrückers, verjagt und flüchtig vor ihnen, hält er ſich in einer Höhle verborgen, in der einſt ein alter Bauer lebte, den Robert beſchützt und ernährt hat. Hier hat er ſich zwei Bildſäulen errichtet. Seinem ermordeten Vater und der Rache iſt die Eine geweiht, der Dankbarkeit und ſeinem Wohlthäter Robert die Andere. Robert nämlich hat ohne Adolf zu kennen und ungekannt auch von dieſem, die Güte, die er dem alten Bauer einſt geweiht, dem neuen Beſitzer zugewendet. Nach dieſer Höhle eilt nun Robert, um vielleicht über Adolfs Geſchick etwas Genaueres zu er=fahren. Adolf entdeckt ſich jetzt ſeinem Wohlthäter und wird von Robert aufgefordert, am Abend vor dem Tribunal zu er=ſcheinen. Kaum hat ſich Robert entfernt, ſo tritt der im Main vor langer Zeit ertrunken geglaubte Moriz wieder auf. Er hat ſich damals gerettet und in dem Kampfe um die Burg Adolfs und ſeines Vaters die Frau Adolfs geraubt, dann verführt und nahe dem Verſteck Adolfs eingeſperrt. Er iſt es, der die Nachricht durch ſeinen Genoſſen Edmund verbreiten ließ, daß Robert den unglücklichen Adolf ermordet, der dieſem ſelbſt jetzt ſagt, daß Robert ſeine Herrſchaft angetreten und ſeine Gattin verführt habe, und Moriz iſt es denn endlich auch, der durch Briefe dem vertrauteſten Freunde Roberts, Molbach, noch vor dem Zuſammentritte des Tribunals, ein Rendezvous gegeben, um ihm den Mörder Adolfs zu entdecken.

Adolf, empört über das, was er gehört, ſtürzt in den Wald, racheſchnaubend gegen den Grafen von Molnar, in dem er keineswegs ſeinen Wohlthäter Robert vermuthet. Moriz und Edmund bleiben allein zurück. Um beide nach Enthüllung solcher Schändlichkeiten effektvoll zu beschäftigen, hat der Dichter hierher, an den Schluß des 2. Aktes, jene furchtbare Szene aus Schillers „Räubern" gelegt, in der Franz das jüngste Ge-Gericht und seine endliche Strafe schildert. Es paßt nun freilich nicht im geringsten, aber es macht Effect, nur wird leider dieser wieder, wenigstens für einen deutschen Geschmack, sehr in's Lächerliche gezogen. Dadurch, daß nach Anhören all' der Schrecken des jüngsten Gerichts Edmund fragend ausruft: Ei! das ist ja das Bild, das man uns vom Tage der Rache macht,*) sinkt, was in den „Räubern" Schillers uns auf's Tiefste erschüttert, was der wildeste Ausbruch der zerstörten Phantasie eines Verbrechers ist, — hier zur Farce eines Komödianten herab, ist lächerlich und wirkt lächerlich. Noch nach 70 Jahren möchten wir Protest erheben, gegen diese Entstellung des Geistes Schillers, da gerade in dieser Szene den Dichter der rauschendste Beifall lohnte und die Kritik die Verlegung dieser Szene aus den „Räubern" in das „Tribunal redoutable" lobend anerkannte.

Der dritte Akt führt uns den ehemaligen Räuber und jetzigen Gerichtspräsidenten Molbach vor, wie er vor der Grotte, in der Adolf verborgen, lustwandelt und den geheimnißvollen Briefsteller erwartet, der ihm ein schweres Verbrechen entdecken soll. Dieser tritt auch alsbald, nachdem man dies gehört, auf. Es ist Moriz' Genosse, Edmund. Er beschuldigt Robert, die Ermordung Adolfs befohlen und dessen Frau verführt zu haben. Zur Bekräftigung der Anklage wird diese nun auch aus dem geheimen Versteck hervorgeführt und Molbach erkennt in ihr

---

*) Comment! Tel est le tableau qu'on nous fait du jour des vengeances!

seine Schwester! „Ei halt, ruft er aus, von Hamburg? das ist ja meine Geburtsstadt!"*)—denn Julie erzählt ihm, daß sie von Hamburg sei! Nun aber, nachdem er gehört, daß Robert so vieler Verbrechen wirklich schuldig, daß seine eigene Schwester der Gegenstand Sünde des Heuchlers, nun schwört er furchtbare Rache an ihm zu nehmen.

Im vierten Akt steht er mit seiner Schwester am Grabe des alten Moor, vor welchem das Gericht über Adolfs Mörder gehalten werden soll. Ein Grabstein kennzeichnet den Ort. Er trägt die Denkschrift: „Er war nur glücklich im Glück seines Volkes. 1587." Molbach verbirgt hinter dem Stein seine Schwester, denn er hört schon die Schritte der furchtbaren Richter. Nach einem langen Gespräch über die Tugenden der Fürsten mit Robert selbst, bei welchem dieser einmal ausruft, auf das Grab seines Vaters deutend: „Ach leider! sie sind selten die Fürsten, deren Tod die Thränen der Armen fließen macht", beschwört Molbach, seinen, trotz der Verbrechen doch noch geliebten Herrn und Fürsten, das Gericht nicht zu berufen. Es ist vergebens! Schon nahen sie Alle, die Gefürchteten, mit feierlichen Schritten und Forbach eröffnet die Sitzung, mit einer Lobrede auf den regierenden Fürsten und Herrn! „Keine Lobpreisungen, ruft ihm jetzt Molbach finster zu, das Lob ist das Gift der Herrscher!" Robert wird in der That von seinem eignen Gericht des Mordes angeklagt, zum Tode verurtheilt und Molbach zum Exekutor des Urtheils ernannt. Dieser aber, um sein trauriges Recht auf diese Würde erst zu erhärten und den leugnenden Robert seiner Verbrechen noch sicherer zu

---

*) Tiens! de Hambourg! c'est le lieu de ma naissance!

überführen, schleppt nun seine Schwester vor das Gericht, damit sie bekenne und selbst als Klägerin auftrete. „Nein, sagt Julia, als sie Robert sieht, das ist nicht mein Verführer und nicht der Mörder meines Gatten". Das Gericht staunt, ist empört über Molbachs Verleumdung und dieser fordert zerknirscht und beschämt selbst strenges Gericht über sich und seine That. Doch noch ehe eine weitere Entscheidung gefällt werden kann, bringt wilder Lärm an die Ohren der Richter, — der Aufstand ist losgebrochen, den Moriz mit seinen Genossen gegen Robert's Herrschaft lange schon berathen und endlich zur Ausführung gebracht hat.

Noch von den ersten Straßenkämpfen erhitzt, bringt am Anfang des 5. Aktes Adolf auf die Bühne. Er sucht den Verführer seines Weibes, den Räuber seiner Krone und seines Vermögens, er sieht den Fürsten von Molbar; er erkennt ihn, er zückt sein Schwert gegen den von ihm abgewendeten Robert, er will es ihm in den Rücken stoßen, da kehrt dieser sich um und Adolf findet in ihm seinen Wohlthäter und Beschützer. Nun klärt sich alles Dunkel. Moriz hat unter dem Namen seines Bruders Julie geraubt und verführt, hat die Verschwörung im Lande angezettelt, um Robert vom Thron zu stürzen und die betrügerischen Briefe an das Tribunal und an Molbach geschrieben. Im Aufstand besiegt, hat der Elende sich am Ende des fünften Akte das Leben genommen und da diejenigen, die das Alles erzählen, es gesehen haben, muß man es nun wohl ernstlich glauben. Adolf stürzt seiner wiedergefundenen Gattin in die Arme, empfängt von Robert sein Reich zurück und soll dessen Herrschaft im eignen Lande mit ihm theilen. „Geben wir Deutschland das neue Beispiel, ruft Robert aus, geben wir ihm das Beispiel von zwei Souveränen, welche mit Begierde das Glück ihrer Völker machen!" —

Ein solches Stück, so reich ausgestattet mit Worten der Freiheitsliebe und des Tyrannenhasses mußte kurz nach dem Sturze Ludwig XVI. ungeheures Aufsehen erregen. Während der Zeit der Schreckensherrschaft aber, in der selbst der Name eines Fürsten verpönt war, mußte eine Lobrede auf einen solchen, wenn auch republikanisch gesinnten und freisinnigen Regenten Gefahr bringen. Und der Verfasser des „Tribunal redoutable" entging derselben nicht.

8. Der Uebersetzer „der Räuber" Schillers.

Der Sturz Ludwig XVI. ward mehr durch die ehrgeizigen Intriguen der Parteien, die sich um die Herrschaft stritten, herbeigeführt, als durch den Trieb zur republikanischen Freiheit und das klare Bewußtsein derselben. Die Parteien, im Bewußtsein ihrer Schuld und im Zweifel über das, was komme könne oder kommen sollte, fürchteten jede Aufklärung der großen Masse und witterten in Allem Verrath, der mit jener auch ein Licht in das Lug- und Truggespinnst ihres Ehrgeizes werfen könnte. Von diesem Gedanken verfolgt, glaubte man in dem obigen Schauspiel eine Kritik der Zeitgenossen und besonders der Partei des Palais Royal, der Anhänger des Prinzen Orleans zu erkennen.

Man denunzirte daher den unbekannten Verfasser — es war gerade nach den Septembermorden — und leitete dessen Verfolgung ein. In einer Zeit, in der ein Verdacht schon das

Verbrechen, das Verbrechen das Urtheil und das Urtheil auch gleich die Exekution ist, wie dies unter dem Ministerium Danton und der Herrschaft Robespierres der Fall war, in einer solchen Zeit war ein Verdacht, wie der oben erwähnte, sehr bedenklich. Desto mehr muß man die Haltung des bisher unbekannten Verfassers jener beiden Räuberstücke bewundern.

Im Oktober 1792 erschienen beide Theaterstücke im Druck mit dem Namen des Verfassers: Lamartellière. Das Stück „Le tribunal redoutable" hatte folgende Ankündigung als Vorrede: „Diesem Stück wurde die Ehre zu Theil, denuncirt zu werden . . . . . Welche Gefahr dies auch für mich haben könnte in einer Zeit, in der man so wenig das Verbrechen und den Verdacht unterscheidet . . . . . so erkläre ich doch, daß ich erwarte was auch kommen kann, und werde von heute an immer zu Hause bleiben, weil es mein Charakter ist, nichts zu fürchten und in meinen Grundsätzen liegt, nichts Schlechtes zu thun". — Die Revolutionsgeschichte jener Zeit hat zahlreiche Beispiele aufbewahrt von dem Muth zu sterben, nachdem einmal das Todesurtheil gesprochen, aber nur wenige von solch' männlichem Trotz, den Gewalthabern jener Tage so verwegen in's Gesicht geschleudert. Sie verdienen bekannt zu werden, mehr vielleicht, als die Verbrechen jener Zeit.

Wer war nun dieser merkwürdige Mann und wie kam es wohl, daß mitten in einer so thaten= und gedankenreichen Zeit der Blick eines Franzosen den Schöpfungen deutscher Literatur mit solchem Interesse folgte?

Lamartellière, der bisher unbekannte Schriftsteller, der französische Bearbeiter der „deutschen Räuber" war selbst ein guter Deutscher. Er war 1761 im Elsaß geboren, wo seine Fa=

milie, die den Namen Schwingenhammer (Schwing den Hammer) führte, seit langem einige erbliche Magistratsämter bekleidete. Unser Dichter hatte, als er in Paris seinen dauernden Wohnsitz aufschlug, seinen schwerfälligen deutschen Namen übersetzt und in La Martellière umgewandelt. Während seiner Studienzeit in Stuttgart, wohin 1775 der Herzog Karl von Württemberg die Karlsakademie, von der Solitude, deren Mitglied Schiller damals war, verlegt hatte, lernte Lamartellière den jungen deutschen Dichter kennen und bewahrte ihm bis ans Ende seines Lebens ein getreues Andenken. Das nun erklärt wohl zunächst das Erscheinen „der Räuber" auf französischer Erde, mitten in einer Zeit, die nur das französische Nationalgefühl belebte und „die große Nation" gebar.

Lamartellière führte während der Herrschaft des Konvents ein stilles, der Poesie ergebenes Leben und wurde erst von dem Direktorium aus seiner Einsamkeit wieder hervorgezogen. Man trug ihm die Präsidentschaft der Centralkommission von Aix la Chapelle an und später die Stelle eines Agenten der Künste und Monumente in Belgien. Er lehnte beide Würden ab, weil man in der ersten Gesetzwidrigkeiten, in der zweiten geradezu Räubereien an den Kunstsammlungen Belgiens von ihm forderte.

Erst während der Restauration trat er als außerordentlicher Steuerkontrolor in Staatsdienste und wurde später als solcher mit 2400 Fr. pensionirt. Er starb im Jahre 1830.

Mehrere seiner Originalkomödien und Schauspiele: „Les trois Amants," „Le Testament", „Gustave en Darlecarlie" u. a. m. wurden auf den Pariser Bühnen aufgeführt, konnten sich aber keinen dauernden Beifall erwerben. Sein Stil war stets nachlässig, seine Charaktere schlecht und inconsequent gezeichnet, seine Szenirung unwahrscheinlich und holperig. Im Jahre 1799 wurden im „Théâtre français" nach langen Ankündigungen „Kabale und Liebe" von Schiller in einer Uebersetzung Lamartellières unter dem Titel: „L'amour et l'intrigue", aufgeführt und — ausgepfiffen. Im Jahre 1829 brachte er gleichfalls auf diesem Theater den Schiller'schen „Fiesco" unter dem Titel: „Fiesko et Doria ou Gênes sauvée" zur Aufführung und errang damit einen dauernden Beifall, bis das Gouvernement, einer boshaften Intrigue gegen den Dichter nachgebend, die Aufführung untersagte und der „Fiesco" von Ancelot an seine Stelle trat. Trotz dieser Mißgeschicke ließ sich Lamartellière in seiner Verehrung für Schiller nicht stören, fuhr in seiner Uebersetzungsarbeit fort und gab unter dem Titel: „Théâtres de Schiller" (2 vols in 8°) noch einmal „Kabale und Liebe" und „Fiesco" heraus, mit Hinzufügung einer Uebersetzung des „Don Carlos" und — des „Abällino" von Zschokke. In seinen letzten Jahren arbeitete er an einer großen „Geschichte der Verschwörungen", die jedoch nie im Druck erschienen ist. Wie die „Räuber" von Schiller seine poetische Laufbahn eröffneten, so schloß sie auch ein Werk desselben Dichters. Nach der Uebersetzung des „Fiesko" gehörte die ganze Thätigkeit dieses Schriftstellers dem genannten historischen Werke.

Schiller wußte wohl nichts von dem getreuen Verehrer, den er in Paris hatte, aber die deutsche Nation kann ihm immer ein Andenken bewahren.

9. Das Bürgerrecht Schillers.

Das waren die Ereignisse, welche den Namen Schiller's dem französischen Publikum vertraut gemacht hatten. Und während man in einem Theater von Paris unter dem Namen des deutschen Dichters eine Zahl kräftiger Männer für die Menschenrechte ringen sah, während man den Faden dieser Handlung dahin weiter spann, daß ein absoluter Herrscher seines Rechtes sich begiebt und eine Republik gründet, zog durch die Straßen von Paris unaufhaltsam die Revolution, bis sie am 10. August 1792 angelangt war und in der denkwürdigen Sitzung dieses Tages die Assemblée législative durch Vergniaud die Abschaffung des Königthums erklärte und die Einberufung eines Konvents beschloß. Das französische Volk nannte nach diesem Ereigniß das Jahr „das erste Jahr der Republik" nachdem es bisher die Geschichte der Revolution nach „Jahren der Freiheit" gezählt hatte. Die Gesetze und Dekrete wurden übrigens noch längere Zeit nach dieser letzteren Zeitrechnung datirt und das Staatssiegel, das in seiner Umschrift die Worte führte „Ludwig XVI. durch die Gnade Gottes und das konstitutionelle Gesetz König der Franzosen" erst nach Eröffnung des Konventes geändert.*)

Jene entscheidende Revolution des 10. Augusts war fast ausschließlich das Werk der damals auf den Gipfelpunkt ihrer Bedeutung emporgestiegenen politischen Partei, der Gironde. Sie bildete jetzt ein Ministerium in dem sie das Uebergewicht, die Bergpartei nur durch Danton ihre Vertretung hatte. Die

---

*) Ich bemerke dies nur zur Erklärung der am Ende angeschlossenen Gesetze.

Assemblée législative erklärte sich für permanent, und die Girondisten begannen nun von diesem Tage an bis zum Zusammentritt des Konvents ihre fast unbeschränkte parlamentarische Herrschaft zu üben. Ihre politischen Anschauungen rangen jetzt um Anerkennung, ihre philosophischen Grundsätze um Verwirklichung. Ein Priester, ein Weib, ein Journalist waren Kopf, Herz und Hand dieser Partei. Sieyes gab die Schlagworte, Madame Roland schuf die Begeisterung, Brissot vertrat Beides in Rede und Schrift. Brissot war es auch, der die Aufmerksamkeit seiner Partei nach Außen lenkte, und seine zahlreichen Verbindungen in vieler Herren Länder begünstigten sein Treiben. Er vertrat zumeist die Tendenz, außerhalb der Grenzen Frankreichs die revolutionären Leidenschaften zu erregen und die Sympathien für die französische Bewegung, wenn nicht in den Völkern, so wenigstens in einzelnen hervorragenden Männern anderer Nationen zu erwecken.

Das waren denn sicher auch die leitenden Ideen der Kommission des öffentlichen Unterrichts, welche sie bestimmten, in der permanenten Sitzung des 10. August 1792, an einem Sonntag (es war der 26. August) des vierten Jahres der Freiheit und des ersten der Republik, der Assemblée législative ein Dekret, „betreffend die Ertheilung des französischen Bürgerrechts an fremde Bürger, ausgezeichnet durch ihre Thaten oder Schriften zu Gunsten der Freiheit, der Humanität und der guten Sitten", vorzulegen. Berichterstatter der Kommission war einer der Führer der Girondisten: Guadet.

Das Gesetz selbst lautete in der Fassung, wie es der Berichterstatter einbrachte, folgendermaßen:

Gesetz, welches den Titel eines französischen

Bürgers mehreren Fremden ertheilt.

In Anbetracht, daß jene Menschen, welche durch ihre Schriften und ihren Muth der Sache der Freiheit gedient und die Befreiung der Völker vorbereitet haben, von einer Nation, die durch ihren Muth und ihre Aufklärung frei geworden ist, nicht wie Fremde betrachtet werden können;

in Anbetracht, daß, wenn fünf Jahre Aufenthalt in Frankreich einem Fremden das französische Bürgerrecht erwerben, es wohl gerechtfertigt ist, anzunehmen, daß man es denen mehr schuldet, die, welches auch die Erde sei, auf der sie wohnen, ihr ganzes Leben hindurch die Sache der Völker gegen den Despotismus der Könige vertheidigen, die Vorurtheile von der Erde zu verbannen suchen und die Grenzen menschlichen Wissens erweitern;

in Anbetracht, daß, wenn es erlaubt ist, zu hoffen, daß die Menschen eines Tages vor dem Gesetz wie vor der Natur nur eine einzige Familie bilden werden, die Freunde der Freiheit und der allgemeinen Brüderlichkeit einer Nation, die ihre Verzichtleistung auf alle Eroberungen erklärt und den Wunsch verkündet hat, mit allen Völkern verbrüdert zu sein, nicht weniger theuer sein müssen;

in Betracht endlich, daß, in dem Moment, wo ein Konvent das Geschick Frankreichs festsetzen wird, vielleicht jenes der ganzen Welt sich vorbereitet, es einem großherzigen und freien Volke geziemt, alle Geister herbeizurufen und den Menschen, welche durch ihre Gesinnungen, ihre Schriften und ihren Muth sich so ausgezeichnet würdig gezeigt haben, das Recht, zum großen Werke der Vernunft beizutragen, anzubieten, erklärt die

Nationalversammlung zu französischen Bürgern den Doktor Joseph Priestley, Thomas Payne, Jeremias Bentham, William Wilberforce, Thomas Clarkson, Jakob Mackintosh, David Williams, Gorain, Anacharsis Cloot, Cornelius Pauw, Joachim Heinrich Campe, Pestalozzi, Georg Washington, Jean Hamilton, Madison, Klopstock und Thadäus Koszinsko."*)

Nachdem dieses Dekret von der gesetzgebenden Versammlung einstimmig und ohne jede weitere Berathung angenommen worden, forderte, so heißt es in einigen Berichten und dem endlich ausgestellten Bürgerdiplom selbst, am nämlichen Tage ein Mitglied, „daß Herr Schiller, ein deutscher Publizist in die Liste jener Männer aufgenommen werde, welchen die Nationalversammlung so eben das französische Bürgerrecht ertheilt habe." Auch dieses Begehren ward einstimmig und ohne jede weitere Debatte angenommen. Es ist nun freilich der eigentliche Urheber dieses zweiten Dekretes zweifelhaft. Duvergier und der Nachdruck des Moniteurs berichten eben nur die oben angegebene allgemeine Formel. Baudouin aber, der von der ersten Nationalversammlung allein autorisirte Herausgeber ihrer Verhandlungen und jener der Assemblée Législative setzt dafür ausdrücklich „dasselbe Mitglied begehrt u. s. w." Gestützt auf diese Quelle habe ich in meiner frühern Darstellung**) auch grade zu

---

*) Der Moniteur, der Nachdruck desselben 1840 Bd. 13 S. 540, die Protokolle der Assembl. législ. Bd. 13. S. 357, die Coll. des Décrets par Baudouin Bd. 24. S. 139, jene des Louvre Bd. 10. S. 655 und selbst Duvergier in seiner Gesetzsammlung Bd. 4. S. 430 drucken die Namen der ausgezeichnetsten Männer jener Zeit auf die verworrenste Weise. Da heißt es bald Masington statt Washington, Pestalori statt Pestalozzi, Paine und Benthoon statt Payne und Bentham u. s. w.

**) Deutsche Jahrbücher B. 12. S. 382.

„der Berichterstatter" gesetzt und glaube, daß dies auch das Richtige ist.

Beiden Gesetzen fügte der provisorische Exekutiv-Rath den Befehl bei:

„Im Namen der Nation fordert und befiehlt der provisorische Exekutiv-Rath allen Verwaltungsbehörden und Gerichten daß sie dieselben in ihren Registern verzeichnen, in ihren Departements und Bezirken lesen, veröffentlichen und anschlagen und wie ein Gesetz exekutiren. Kraft dessen haben wir die Gesetze unterzeichnet und an dieselben das Staatssiegel anlegen lassen. Paris, am sechsten Tage des Monats September 1792, dem vierten Jahre der Freiheit."

Der Minister der äußeren Angelegenheiten Clavière zeichnete die Dekrete. Die Gegenzeichnung und die Anlegung des Staatssiegels erfolgte durch den Justizminister Danton, dessen Unterschrift auch jedes einzelne Diplom als „gleich lautend mit dem Original" trug.

10. Schluß.

Jedem der durch die französische Republik so ausgezeichneten Bürger wurde, bald nach der Ausfertigung der Diplome, ein auf einem ziemlich groben, wahrhaft republikanischen Papier gedrucktes Exemplar, begleitet von einem Schreiben des Ministers des Innern, Roland, zugesandt.

Dieses Schreiben lautete: Paris den 10. Oktober 1792 dem ersten Jahre der französischen Republik.

„Ich habe die Ehre, mein Herr, Ihnen beifolgend einen

mit dem Staatssiegel versehenen Abdruck des Gesetzes vom 26. August dieses Jahres zu übersenden, durch welches mehreren Fremden der Titel eines französischen Bürgers ertheilt wird. Sie werden darin sehen, daß die Nation auch Sie unter die Zahl der Freunde der Menschheit und der Gesellschaft, welchen sie eben jenen Titel ertheilt, aufgenommen hat.

Die Nationalversammlung hat durch ein Dekret vom 9. September der Exekutiv-Gewalt aufgetragen, Ihnen dieses Gesetz zu senden. Ich gehorche dem Gesetze, indem ich zugleich bitte, von der Befriedigung überzeugt zu sein, welche ich empfinde, bei einer solchen Gelegenheit Minister der Nation zu sein, und meine besondern Gefühle jenen hinzufügen zu können, welche Ihnen ein großes Volk im Enthusiasmus der ersten Tage seiner Freiheit beweist.

Ich bitte Sie, mir den Empfang meines Briefes zu bestättigen, damit endlich auch die Nation versichert sei, daß das Gesetz Ihnen zugekommen und daß auch Sie die Franzosen unter Ihre Brüder zählen." —

Mit diesem Schreiben ausgerüstet wanderten die Bürgerdekrete der französischen Republik nach allen Weltgegenden hin. Thomas Payne und Anacharsis Cloot erhielten dieselben in Paris selbst und statteten in einer feierlichen Sitzung der Nationalversammlung ihren Dank ab. Von Klopstock erzählt man, daß er in heiligem Zorne über die grausame Entartung der von ihm bei ihrem Ausbruch so laut und freudig begrüßten Revolution, das Diplom in Stücke zerrissen und nichts davon habe wissen wollen. Aber das Dekret unsers großen Dichters irrte mit seiner, allen deutschen Postbeamten unerklärlichen Adresse

„M. Gillo Publiciste allemand" herren- und heimathlos in allen Gauen Deutschlands herum.

„Aus den Zeitungen, erzählt Hofmeister, (B. 2 S. 237) erfuhr er, daß ihm von dem Nationalkonvent (soll heißen Nationalversammlung) das französische Bürgerrecht ertheilt worden sei. Weil aber auf der Adresse des Briefes an ihn sein Name falsch geschrieben und sein Wohnort nicht angegeben war, so konnte das Diplom lange Zeit den Weg zu dem nicht finden, für den es ausgestellt war. Er erhielt es erst im Jahre 1798 durch Campe in Braunschweig."

„Auf den Wunsch seines Herzogs, fährt der Biograph fort, deponirte er die Schrift auf der fürstlichen Bibliothek in Jena. Vorher aber ließ er eine Abschrift von ihm nehmen und es sich attestiren, daß das Original dort niedergelegt sei, für den Fall, daß einmal eines seiner Kinder sich in Frankreich niederlassen und dieses Bürgerrecht reklamiren wollte."

Wäre das Diplom früher in die Hände Schillers gekommen, in jener Zeit, als auch er sich mit Entsetzen von der Revolution Frankreichs abgekehrt, vielleicht hätte auch er demselben keine so vorsichtige Sorgfalt gewidmet. Hätte er länger gelebt und das Unglück gesehen, das die französische Nation über Deutschland brachte — sein deutsches Herz hätte gewiß der Ehre gern entsagt, zu den Brüdern und Bürgern dieses tyrannischen Volkes gezählt zu werden. War ja doch auch der ganze Gesetzgebungsakt, der die Ehre des französischen Bürgerthums in die Welt hinaus trug, nur der Rausch eines Augenblickes, dem das Volk „im Enthusiasmus der ersten Tage seiner Freiheit" sich hingab.

Wahrlich! Die Wogen der Zeit gingen hoch, als die Vertretung der französischen Nation solche begeisterte Dekrete in die Welt schleuderte und die Masse des Volkes daran Interesse nahm. Aber so mächtig der Geist der Menschen sich auch erhob, der Traum der allgemeinen Freiheit, Gleichheit und Brüderlichkeit, Alles ging unter vor der gewaltigen Erscheinung des Welteroberes, und Alles, Liebe und Begeisterung für das Schöne und Erhabene, auf welcher Erde es auch geboren worden, Verehrung für das Wahre und Heilige, welchem Volke es auch entsprungen, Theilnahme am Geschick der Welt, Alles ging unter in dem unseligen Taumel der Gloire der großen Nation.

Paris, le 10. Octobre 1792, l'an 1re de
la République Françoise.

J'ai l'honneur de vous adresser ci-joint, Monsieur, un imprimé revêtu du sceau de l'Etat, de la Loi du 26 Août dernier, qui confère le titre de Citoyens François à plusieurs Etrangers. Vous y lirez, que la Nation vous a placé au nombre des amis de l'humanité & de la Société, auxquels Elle a déféré ce titre.

L'Assemblée Nationale, par un Décret du 9 Septembre, a chargé le Pouvoir exécutif de vous adresser cette Loi; j'y obéis, en! vous priant d'être convaincu de la Satisfaction que je prouve d'être, dans cette circonstance, le Ministre de la Nation, & de pouvoir joindre mes sentimens particuliers à ceux que vous témoigne un grand Peuple dans l'enthousiasme des premiers jours de sa liberté.

Je vous prie de m'accuser la réception de ma Lettre, afin que la Nation soit assurée que la Loi vous est parvenue, et que vous comptez également les François parmi vos Frères.

LE MINISTRE DE L'INTÉRIEUR
de la République Françoise.
Roland. (Name gestempelt.)*)

(gedruckt:) *M.* (geschrieben:) *Gille Publiciste allemand.*

---

*) Das ganze Schreiben ist gedruckt.

LOI
Qui confère le titre de Citoyen François à plusieurs Etrangers.
Du 26 Août 1792, l'an quatrième de la Liberté.

L'ASSEMBLÉE NATIONALE, considérant que les hommes qui, par leurs écrits & par leur courage, ont servi la cause de la liberté, & préparé l'affranchissement des peuples, ne peuvent être regardés comme étrangers par une Nation que ses lumières & son courage ont rendue libre.

Considérant que, si cinq ans de domicile en France, suffisent pour obtenir à un étranger le titre de citoyen François, ce titre est bien plus justement dû à ceux qui, quelque soit le sol qu'ils habitent, ont consacré leurs bras & leurs veilles à défendre la cause des peuples contre le despotisme des rois, à bannir les préjugés de la terre, & à reculer les bornes des connoissances humaines.

Considérant que, s'il n'est pas permis d'espérer que les hommes ne forment un jour devant la loi comme devant la nature, qu'une seule famille, une seule association, les amis de la liberté, de la fraternité universelle, n'en doivent pas être moins chers à une Nation qui a proclamé sa renonciation à toutes conquêtes et son désir de fraterniser avec tous les peuples.

Considérant enfin qu'au moment où une convention nationale va fixer les destinées de la France & préparer peut-être celle du genre humain, il appartient à un peuple généreux & libre, d'appeler toutes les lumières et de déférer le droit de concourir à ce grand acte de raison, à des hommes qui par leurs sentimens, leurs écrits & leur courage s'en sont montrés si éminemment dignes.

Déclare : déférer le titre de citoyen François au docteur Joseph Priestley, à Thomas Payne, à Jérémie Bentham ; à William Wilberforce, à Thomas Clarkson, à Jacques Mackintosh, à David Williams, à N. Gorani, à Anacharsis Cloots, à Corneille Pauw, à Joachim Henry Campe, à N. Pestalozze, à Georges Washington, à Jean Hamilton, à N. Maddison, à H. Klopstock, & à Thadée Kosinsko.

Du même jour.

UN membre demande que le sieur Gille, publiciste Allemand, soit compris dans la liste de ceux à qui l'Assemblée vient d'accorder le titre de citoyens François ; cette demande est adoptée.

AU NOM DE LA NATION, le Conseil exécutif provisoire mande et ordonne à tous les Corps administratifs & Tribunaux, que les présentes ils fassent consigner dans leurs registres, lire, publier & afficher dans leurs départemens & ressorts respectifs, & exécuter comme loi. En foi de quoi nous avons signé ces présentes auxquelles nous avons fait apposer le Sceau de l'état. A Paris, le sixième jour du mois de Septembre mil sept cent quatre-ving-douze, l'an quatrième de la liberté.

  Signé CLAVIERE. Contresigné DANTON. Et scellées du sceau de l'Etat.

Certifié conforme à l'original
Danton. (Name gestempelt.)

Hier
war das Staats-
Siegel aufgedrückt.
Es trug die Inschrift:
Louis XVI. p. l. G. d. Dieu
et. p. L. Loi constitutionelle
Roi d. François. - Ein König
auf einem Thron im griech.
Costüm, zu s. Füssen 2 Löwen, bildete d. innere Bild
d. Siegels. Rechts u. links
2 Engel eine Krone haltend üb. d. Königs
Haupt.

A PARIS,
DE L'IMPRIMERIE NATIONALE EXECUTIVE
DU LOUVRE.

M. DCC. XCII.

Anmerkung: Es ist zu bemerken, daß zu Anfang und E[nde] des Loi deutlich ausgeführt ist das Datum „l'an quatrième de la l[i-]berté," in der Datums Ueberschrift aber der Zustellung an Schil[ler] gleichfalls deutlich ausgeführt „l'an Ier de la République française[."] Ich verweise zur Erklärung dieser Ungleichheit auf die Darstellu[ng] der Ereignisse, welche ich in die Geschichte des Bürgerbekretes Schill[ers] verweben mußte. Siehe daher Nr. 9: „das Bürgerrecht Schillers"[.]

Druck von W. Levysohn in Grünberg.